Projets de loi sur les chemins de fer

1843

LÉON FAUCHER

TABLE DES MATIÈRES

PROJETS DE LOI SUR LES CHEMINS DE FER

Projets de loi sur les chemins de fer[1]

Le gouvernement a présenté à la chambre des députés deux projets de loi qui ont pour but : l'un l'exécution du chemin de fer d'Avignon à Marseille, l'autre l'établissement de la double ligne qui doit mettre notre frontière de Belgique ainsi que nos ports de la Manche en communication avec Paris. Ces propositions ne seront sans doute pas les seules que M. le ministre des travaux publics aura à soumettre aux chambres dans le cours de la session. Une compagnie formée de capitalistes anglais et de maisons françaises a déjà soumissionné, concurremment avec la compagnie qui vient de construire le chemin de fer de Paris à Orléans, la ligne de Paris à Châlons sur Saône, première étape de la grande ligne de Paris à la Méditerranée et il paraît que deux compagnies se disputent en ce moment le chemin de fer entre Orléans et Tours, que l'étendue relativement secondaire de son parcours rend plus accessible à l'association des moyens et des petits capitaux [2].

Ainsi, après de longs et vains débats sur la théorie des chemins de fer, l'ère de la pratique arrive enfin. Les chambres, qui ont consacré plus de quatre années à discuter ou à voter un système général, un réseau de grandes lignes, vont avoir à se prononcer sur les réalités mêmes de l'exécution. Le pays est disposé aux plus grands sacrifices, et attend avec une vive impatience le moment où on le mettra en possession de chemins de fer qui aient une autre utilité que celle de servir de promenade aux curieux L'Europe, qui a devancé la France dans cette carrière, nous regarde à son tour avec une défiance mêlée d'ironie, prête à dire, si nos pouvoirs publics allaient reculer, que nous n'avons pas les qualités de la pratique, et que nous ne sommes plus qu'une nation de beaux parleurs.

La presse doit donc éviter ce qu'elle trouverait mauvais de la part des chambres. Cessons d'argumenter sur les théories, et abordons les faits. La question générale des chemins de fer a été bien ou mal résolue par la loi du 12 juin 1842 ; peu importe. Il suffit que cette loi ait déblayé le terrain et qu'elle ait écarté définitivement une difficulté qui avait paralysé jusqu'alors l'action du pouvoir législatif. C'est là son véritable titre au respect des populations.

Sans doute, la combinaison que les chambres ont adoptée a pris sous le feu croisé des amendemens, des proportions beaucoup trop gigantesques. Il valait mieux, selon la patriotique pensée de M. Duvergier de Hauranne, concentrer tous les efforts sur une seule ligue, celle de Dunkerque à Marseille, qui traversait la France du nord-ouest au sud-est, et qui avait 300 lieues d'étendue, que d'éparpiller nos ressources sur tous les points du territoire et dans toutes les directions, en embrassant l'impossible, c'est-à-dire un réseau d'environ 1,000 lieues de chemin de fer. Évidemment encore le système d'exécution défini et décrété par la loi du 11 juin est à peu près impraticable, en ce qu'il partage entre l'état et les compagnies des travaux que lie dans l'ordre naturel des choses une solidarité absolue. Enfin, par une contradiction qui énerve le principe même de la loi, en classant au nombre des chemins que l'état doit exécuter presque toutes les lignes qui se trouvaient comprises dans le projet ambitieux de 1838, on n'a ouvert que les crédits nécessaires à la construction de quelques tronçons. De cette manière, on n'a touché en perspective à l'infiniment grand que pour se réduire, dans l'application, à l'infiniment petit.

Par bonheur, cette loi incohérente et mal conçue porte en elle-même son correctif. L'amendement de M. Duvergier de Hauranne, qui est devenu le premier paragraphe de l'article 2, donne au gouvernement la faculté de choisir telle autre combinaison qui lui assurera le concours de l'industrie privée. Une liberté entière lui est laissée quant aux moyens d'opérer cette association. La loi n'exclut ni la garantie d'un minimum d'intérêt, ni la subvention directe, ni le prêt, ni le forfait ; et, comme M. Daru le fait remarquer, la loi ainsi amendée n'est plus qu'un cadre, qu'une sorte d'avant-projet.

La nouveauté de cette mesure législative, son utilité, son importance, consistent en ce qu'elle a posé et proclamé le principe de l'union entre deux forces rivales, entre l'état et l'industrie privée. Par là, on a reconnu que l'état, réduit à ses propres ressources, ne pouvait pas tout faire, et que les compagnies ne pouvaient pas aborder les grandes entreprises sans les encouragemens de l'état. Sur le degré, sur la forme de cette alliance à peine commencée, les opinions varieront peut-être ; mais la nécessité en est désormais démontrée, et le législateur l'a proclamée d'une manière irrévocable ; voilà ce que tous les bons esprits doivent considérer comme un progrès décisif.

Un premier effet de la loi du 11 juin, celui que l'on contestera le moins, a été de ramener vers les entreprises de chemins de l'esprit d'association qui s'en était éloigné dans un moment d'effroi. Non-seulement les capitaux français sortent de leur torpeur, mais les capitaux étrangers, attirés par la garantie que leur offre la coopération du trésor, viennent chercher en France un placement qui manque déjà en Angleterre, et augmentent ainsi les ressources dont nous pouvons disposer. La moitié des actions émises pour la construction des chemins de Rouen et du Havre appartiennent à des capitalistes anglais. Les banquiers de Londres, de Manchester et de Liverpool ont pris part à la soumission qui a été acceptée pour la ligne du Nord, et à celle qui vient d'être adressée au ministre des travaux publics pour la ligne de Lyon. La maison Rotschild, qui porte le poids de la principale de ces opérations, est un établissement européen qui appelle et qui réunit les capitaux de Londres, de Francfort et de Paris.

La première compagnie sérieuse qui s'est présentée pour entrer dans le cadre de la loi, a sans contredit sauvé le gouvernement de l'impuissance et du ridicule. Ce jour-là, M. le ministre des travaux publics a dû éprouver une grande joie, car pour peu que l'industrie privée lui eût tenu rigueur, tous ces magnifiques projets, dont les chambres n'avaient pas craint d'étendre la portée, allaient misérablement avorter. Il aurait fallu que l'état construisît seul les chemins de fer, comme il a construit les routes, et comme il a tenté de construire les canaux. Et comment les chambres auraient-elles envisagé sans frémir une entreprise qui pouvait entraîner une dépense de 2 milliards avec trente années de travaux [3] ?

La part, que le gouvernement a réservée à l'industrie privée dans les projets soumis à la délibération des chambres est-elle ce que les circonstances exigeaient de lui ? En appliquant, pour la première fois le système général créé par la loi du 11 juin, de quel côté l'a-t-il fait pencher ? Les avantages que les compagnies ont obtenus sont-ils insuffisans, ou vont-ils au-delà de ce qui était juste et nécessaire ? Graves et difficiles questions dans l'examen desquelles on doit se garder également de la complaisance et de l'envie.

Et d'abord, il n'échappera pas à un observateur attentif que la force des choses a limité et circonscrit, pour ainsi dire, le champ d'opérations dans lequel la loi du 11 juin doit s'exécuter. Lorsque cette loi fut voté par la chambre des députés, M. le ministre des travaux publiques prit l'engagement de ne commencer les travaux sur aucune ligne avant d'avoir trouvé une compagnie qui se chargeât de la compléter et de pourvoir à l'exploitation. Eh bien ! à l'exception du chemin d'Orléans à Tours, les seules lignes qui aient fixé jusqu'à présent l'attention des capitalistes sont précisément des sections de la ligne unique proposée en 1842 par les hommes les plus éminens dans la chambre élective, de cette ligne qui unit la Méditerranée à la mer du Nord.

Le chemin du Nord, le chemin de Paris à Châlons, et le chemin d'Avignon à Marseille, joints au chemin d'Orléans à Tours, présentent une étendue de 270 à 275 lieues. La dépense d'exécution, en la calculant à raison de 1,500 mille fr. par lieue, serait de 400 millions. Si l'on suppose que les travaux doivent durer quatre ans, et c'est là une supposition bien large, l'état et les compagnies auront à fournir ensemble 100 millions par année. M. Humann estimait à 60 millions les épargnes annuelles de la France, le fonds commun où viennent puiser le crédit public et le crédit privé. Pour consacrer chaque année 100 millions aux chemins de fer, il faudrait donc que l'étranger nous apportât annuellement, en argent prêté ou en capital souscrit, 40 millions de fr. Cela seul fait comprendre d'une part la nécessité de ne pas dissiper les fonds de l'état sur les lignes que les compagnies ont exclues jusqu'a présent, telles que le chemin de Vierzon elle chemin de Hommarting, de l'autre l'intérêt que nous avons tous à ce que l'accueil que recevront les compagnies déjà formées soit une véritable prime à la formation de compagnies nouvelles et à l'intervention des capitaux étrangers.

Dans la situation financière de la France et avec les engagemens qui pèsent déjà sur le trésor, la prudence la plus vulgaire faisait un devoir au gouvernement de préférer les combinaisons qui, en associant les compagnies à sa tâche, diminueraient le plus sûrement les avances et les sacrifices de l'état. Il valait mieux leur imposer moins de charges et leur apporter moins de secours, augmenter la durée du bail ou de la concession et réduire la quotité de la subvention, donner, en un mot, plus de temps et moins d'argent.

II semble, à voir les principales clauses des projets qui ont été présentés, que le gouvernement se soit proposé la solution inverse. D'une part, les cahiers des charges attestent, comme par le passé, les exigences intempestives et innombrables de l'administration. L'on fait essuyer aux compagnies impôt sur impôt : le droit de douane, qui double le prix des rails en France, n'est pas réduit ; le chemin de fer supporte l'impôt du dixième sur le prix des places, l'impôt foncier, l'impôt des patentes, l'impôt des portes et fenêtres ; la compagnie est tenue de transporter gratuitement les dépêches et les militaires en service, le matériel militaire, ainsi que les condamnés à moitié prix ; enfin, on lui donne, sous le nom de commissaires royaux, des surveillans qui examineront ses comptés ; on crée des sinécures dont on lui fait payer les frais, et ces frais peuvent s'élever, pour le chemin du Nord, à quarante mille francs par an. 40,000 francs représentent, au taux courant de 4 pour 100, l'intérêt d'un million. Ainsi le gouvernement reprend d'une main ce qu'il donne de l'autre, et le ministre, des finances rançonne les associations que subventionne le ministre des travaux publics [4]. La meilleure subvention, la plus économique et la plus digne en pareil cas, ne serait-elle pas l'exemption de l'impôt pendant un certain nombre d'années ?

et ne serait-il pas beau d'exécuter les chemins de fer par ce simple procédé qui a déterminé, sous l'empire, la construction d'un des plus beaux quartiers de la capitale, des rues Castiglione et Rivoli ?

La ligne du Nord, qui a 430 kilomètres d'étendue, exigera l'emploi d'environ 53,000 tonnes de rails et de 18,000 tonnes de supports ou coussinets. Or les rails, qui se paient 370 et 380 francs la tonne en France, grace à l'inique monopole de nos maîtres de forges, valent en ce moment 180 à 190 francs dans le pays de Galles, pris à Cardiff. Le droit de douane impose donc à la compagnie une dépense additionnelle de 12 à 13 millions dont elle pourrait diminuer son capital, si l'entrée en franchise des rails et des supports lui était accordée. En outre, l'exemption d'impôt pendant trente ans lui épargnerait une dépense annuelle qui s'élèvera peut-être à 1 million, soit au dixième du revenu brut et au cinquième du revenu net. Pense-t-on que la compagnie eût besoin de la même assistance, si l'on réduisait ses dépenses et si l'on augmentait par conséquent son revenu d'un million ? Ne serait-ce pas comme si l'état lui accordait un secours de 20 millions en capital ?

Prenons l'autre côté de la question, la durée des concessions ou des baux. Le gouvernement paraît avoir travaillé à diminuer la jouissance des compagnies, dût-il augmenter d'autant les sacrifices par lesquels le trésor contribue à l'exécution. Cette politique à courte vue se révèle principalement dans l'accord qui a été fait pour le chemin d'Avignon à Marseille. Cette ligne a 125 kilomètres d'étendue, et la dépense, indépendamment des terrains à acquérir, est estimée à 50 ou 55 millions. Aux termes du projet de loi, l'état paiera 32 millions à la compagnie, qui, pour obtenir une jouissance de trente-trois années, s'oblige à fournir le reste du capital d'exécution, soit 20 à 22 millions. Il tombe sous le sens que la compagnie aurait accepté sans trop de peine une subvention beaucoup moindre, et réduite par exemple à 20 millions, si l'état eût consenti à prolonger de vingt cinq ou trente années la durée de la concession. L'état aurait-il trouvé quelque avantage à le faire ? voilà toute la question.

Il est difficile de concevoir l'intérêt que le gouvernement peut avoir à diminuer la durée des concessions. Si l'administration des ponts et chaussées devait, un jour ou l'autre, exploiter les chemins de fer et se constituer en entreprise de transports, on comprendrait encore l'importance qu'elle attache à ce que les voies nouvelles fassent retour, quelques années plus tôt, au domaine de l'état ; mais l'état lui-même a proclamé son impuissance, disons mieux, son incompétence sur ce point. En 1838, lorsque le ministère du 15 avril proposait d'exécuter les grandes lignes aux frais de l'état, il annonçait en même temps que l'exploitation en serait affermée à des compagnies. « Dès qu'une ligne sera terminée d'une extrémité à l'autre, disait l'exposé des motifs, dès que les expériences faites sur les parties successivement mises en exploitation auront fourni les élémens d'un bon système d'exploitation et du tarif qu'il sera convenable d'appliquer, alors une loi spéciale viendra consacrer d'une manière définitive et ce système et ce tarif ; alors surtout, l'état se trouvera en mesure de traiter en connaissance de cause avec des fermiers auxquels il pourra confier l'exploitation des chemins de fer pendant un certain nombre d'années, et toujours cependant pour un terme assez court pour qu'à l'expiration du bail il recouvre la faculté de modifier les tarifs et de les approprier aux besoins nouveaux, aux situations nouvelles que le temps aura pu créer. »

En effet, l'exploitation d'un chemin de fer est une entreprise très délicate, très compliquée, exposée à des chances très diverses, et qui exige toute la sollicitude de l'intérêt privé. L'état ne doit jamais donner à faire à ses agens que des choses simples, dans lesquelles il puisse aisément les surveiller et les contrôler. Le monopole des postes et celui des tabacs étant des opérations relativement faciles où il ne s'agit que du plus ou du moins dans les bénéfices, on ne s'étonne pas donc qu'il persiste à les retenir. De même pour les travaux des routes royales ; la réparation de ces voies de communication n'exige de sa part aucun autre effort que l'achat des matériaux et le salaire des cantonniers quand elle se fait en régie, et la surveillance des entrepreneurs lorsque l'état n'intervient pas directement. Encore faut-il remarquer que les routes départementales, qui relèvent d'une autorité, d'un contrôlé plus souvent présent que le sien, paraissent en général beaucoup mieux entretenues.

Mais, pour administrer un chemin de fer, il ne suffit pas de mettre la voie en bon état d'entretien, ni d'avoir un approvisionnement constant de matériaux. Outre la besogne de l'ingénieur, on a de plus celle de l'entrepreneur de transports ; on voiture les voyageurs et les marchandises, on a la charge d'un matériel immense, locomotives et wagons à réparer et à renouveler, pour lequel on doit élever des ateliers de construction ; des marchés de houille, de fer et de bois, tiennent incessamment la spéculation en éveil ; des omnibus à établir dans les grandes villes, les correspondances à entretenir avec les messageries qui amènent Les voyageurs des localités voisines, jusqu'à des opérations de crédit à mener à fin ; tout cela suppose, une habileté, une précision de calcul dont le gouvernement est incapable, et que ses agens n'auraient pas la liberté de déployer quand ils le voudraient.

La Belgique est un petit état qui s'administre comme une province, et qui, n'ayant pas des préoccupations politiques bien profondes, pouvait faire une affaire de son réseau de chemin de fer. Cependant l'expérience qu'elle a tentée ne semble pas avoir obtenu un grand succès. Il ne faut qu'avoir parcouru les lignes belges pour être pleinement édifié sur le mérite de cette administration, et, quant à la France, on se rendra compte du degré d'intelligence et d'activité que les agens ministériels portent dans l'exploitation des tronçons de Lille et de Valenciennes à la frontière belge, quand on saura que les voyageurs préfèrent suivre la route de terre jusqu'à

Mouscron et jusqu'à Quiévrain.

L'état ne pouvant pas exploiter lui-même les chemins de fer, le but qu'il poursuit, en abrégeant la durée des concessions, c'est donc l'avantage de disposer plus librement des tarifs. Il veut avoir plus tôt que plus tard la faculté de réduire le prix du transport sur mes chemins de fer ; c'est un véritable dégrèvement d'impôt qu'il se propose au profit des voyageurs qui préfèrent ce mode de locomotion. Une pareille pensée a quelque chose de grand et de généreux qui séduit au premier aspect ; elle découle d'ailleurs des précédens établis en France, qui sont la gratuité pour les routes de terre ainsi que pour les fleuves, et des tarifs peu élevés sur les canaux.

En principe, un gouvernement qui peut faire une remise d'impôt doit alléger de préférence les taxes qui portent sur tout le monde ou sur le plus grand nombre, dégrever par exemple la viande, le sel et le vin. En est-il ainsi du péage perçu par les compagnies de chemins de fer ? N'est-ce pas au contraire un impôt spécial et limité, qui affecte principalement les classes aisées de la population, et dont les classes laborieuses ont assez peu à souffrir ? Les ouvriers et les paysans ne disposent pas de leur temps et partant voyagent peu. Ce sont les propriétaires, les rentiers, les commerçans et les industriels qui fréquentent les chemins de fer, et à qui profite par conséquent l'économie de temps et d'argent réalisée par ces voies nouvelles de communication. Sans doute la communauté tout entière en ressent par contre-coup les avantages : les affaires se faisant plus vite et à moindres frais, se font mieux, et il en résulte une forte impulsion donnée au mouvement social ; mais le bénéfice que les chemins de fer procurent au pays par leur seul établissement est assez grand pour que l'état n'ait pas besoin d'acheter au prix d'une dépense additionnelle une séduction dans les tarifs de transport dont le petit nombre seul pourrait jouir, car, en agissant de la sorte, on frapperait véritablement un impôt sur la société tout entière pour diminuer le poids d'une taxe que les, heureux de ce monde sont principalement appelés à supporter.

Ce que les voyageurs paient pour le transport sur les chemins de fer est le prix d'un service ; il n'y a pas d'impôt plus légitime ni mieux réparti. Le législateur, en fixant une limite maximum au-dessus de laquelle les tarifs ne devront s'élever dans aucun cas, les a d'ailleurs marqués d'un caractère de perpétuité qui est tout au détriment de l'entreprise et tout à l'avantage de la société. La valeur de l'argent baisse rapidement en France, si rapidement que la même somme n'achètera peut-être dans soixante ans que les trois quarts ou la moitié des denrées et des marchandises qu'elle procure aujourd'hui. L'état n'a donc pas à s'occuper bien activement de la réduction des tarifs ; ils se réduiront d'eux-mêmes avec le temps, la charge qu'ils imposent au public et le bénéfice qu'ils procurent aux compagnies exploitantes ne devant plus représenter, au bout d'un certain nombre d'années, qu'une partie de leur valeur.

A ne prendre pour indice de la diminution que subit progressivement la valeur de l'argent, que le changement qui s'opère dans le rapport de l'argent à l'or, rapport qui était de 1 à 12 il y a deux cents ans, et qui est aujourd'hui de 1 à 16, on trouve qu'une rente stipulée en argent ne vaudra plus dans deux siècles que les trois quarts de ce qu'elle vaut aujourd'hui. En suivant la même progression pour les tarifs des chemins de fer, on voit que le cours naturel des choses en aura réduit, après deux cents ans, suivant le calcul le plus modéré, la charge réelle de 25 pour 100. Si l'on réfléchit que le prix du combustible et de tous les matériaux, évalué en argent, aura haussé pendant ce temps-là, et que par conséquent les frais d'exploitation se seront accrus, il devient manifeste que cette diminution de 25 pour 100 serait, en tout cas, le maximum de réduction que l'on pût espérer.

Il n'y a donc pas un grand intérêt pour l'état ni pour le pays à devancer le temps, en diminuant de gré ou de force les tarifs des chemins de fer au moment de la concession, et en leur retirant ainsi tout caractère de rémunération. Ajoutons que cette tentative aura peu de succès ; les compagnies, quelle que soit la subvention qu'on leur accorde, n'accepteront pas dans le taux du péage une réduction qui corresponde à l'intérêt du capital prêté ou donné, car l'exploitation d'un chemin de fer a des résultats trop incertains pour que ceux qui l'entreprendront se placent volontairement sur la limite où le bénéfice s'arrête et où la perte peut commencer. Ce point est démontré jusqu'à l'évidence dans l'excellente brochure que M. le comte Daru vient de publier.

« Voyons à quel rabais les compagnies pourront consentir, en raison des fonds qui leur seront fournis par le trésor.

« Dans l'exploitation d'un chemin de fer, l'entretien et la réparation de la voie et des machines, les frais payables dans tous les cas sur ses produits prélèvent, pour une circulation moyenne, pour une circulation qui donne 4 pour 100 de revenu net, au moins moitié des revenus bruts.

« Si le tarif régulateur fixé par la loi est de 8 centimes (moyenne entre 5 et 10 cent.) par kilomètre et par voyageur, 4 cent. 1/2 environ seront nécessaires pour acquitter les diverses dépenses d'exploitation. Les 3 c. 1/2 restans, destinés à payer l'intérêt et l'amortissement du capital de construction, représenteront un revenu plus ou moins élevé, au-dessus ou au-dessous de 4 pour 100, suivant que la ligne sera plus ou moins productive. L'état concourant pour moitié dans la dépense et renonçant à sa part de produits, si le rabais porte uniquement sur le tarif, pourra donc demander que les 3 c. 1/2 destinés au service de l'intérêt du capital soient diminués de moitié, c'est-à-dire réduits à 1 c. 3/4. Les droits actuels de perception pourront donc, grace à cette intervention financière du gouvernement, être abaissés de 8 c. à 6 c. 1/2, c'est-à-dire être abaissés de 20 pour 100. C'est là le maximum de réduction auquel on puisse arriver, et il est évident que dans la pratique on ne l'atteindra jamais ; car, d'une part, lorsque les compagnies traiteront, elles feront toujours valoir, contre un abaissement aussi considérable, les chances qu'elles courent en raison de l'incertitude constante sur le mouvement futur de la circulation, et par conséquent elles voudront se réserver un peu de marge ; d'autre part, les frais divers d'entretien et de traction dépassent quelquefois la proportion que nous avons admise. »

M. Daru aurait pu ajouter que les lignes sur lesquelles les, voyageurs auront à payer les tarifs les plus élevés sont précisément celles à l'exécution desquelles l'état a contribué, comme le chemin de fer de Paris à Rouen, tandis que les lignes sur lesquelles la circulation s'opère au meilleur marché sont les chemins de fer de Versailles, rive droite, et de Saint-Germain, entreprises dispendieuses et qui n'ont reçu aucune espèce de concours du gouvernement. Cela prouve que l'élévation ou la modicité des tarifs dépend de toute autre cause que du rapport à établir entre la recette et le capital d'exécution. En général, les compagnies ont fixé le prix des places au-dessous du maximum qui leur était assigné par la loi. D'où vient cela ? M. Daru va nous l'apprendre.

« Là où la circulation déjà établie est un peu considérable, par une conséquence naturelle les moyens de transport ordinaires sont à bas prix. Or, les voies nouvelles, pour attirer à elles les voyageurs et les marchandises qui prennent habituellement les canaux ou les routes de terre, sont obligées alors forcément, et par le simple effet de la concurrence, de rester au-dessous des limites qu'elles demandent au gouvernement de leur assigner. »

Ainsi, pour le présent, la subvention donnée par l'état ne peut pas avoir pour effet d'amener une réduction très sensible dans le péage des chemins de fer. Dans l'avenir, il est vrai, en devenant propriétaire de ces voies de communication, au moment où le capital dépensé à les construire doit se trouver amorti, le gouvernement aura la faculté d'exiger une réduction plus forte des compagnies qui les affermeront sans bourse délier. Mais cet avantage, l'état l'obtiendra dans tous les cas, les concessions n'étant pas perpétuelles en France ; reste à savoir si la perspective d'entrer plus tôt en possession vaut les efforts que l'on paraît disposé à faire dans ce but.

Dans l'opinion de tous les esprits pratiques, la subvention allouée par les pouvoirs publics, sous quelque forme qu'elle se produise, doit avoir principalement pour objet de faciliter l'exécution des chemins de fer. C'est une prime d'assurance que l'on donne aux compagnies contre les risques inhérens à ces gigantesques entreprises. Nous ne voyons pas la nécessité d'augmenter cette prime, en raison d'un abaissement à peu près chimérique qu'on se proposerait d'effectuer dans les tarifs.

Nous avons montré que le système du gouvernement, qui consiste à prodiguer l'argent aux compagnies pour épargner le temps, procédait d'une pure illusion. En suivant le système contraire, en prodiguant le temps pour épargner l'argent, on obtiendrait certainement de meilleurs résultats. Des concessions de quatre-vingt-dix-neuf ans, fortifiées, selon les circonstances, ici par la garantie d'un minimum d'intérêt, là par une subvention, ailleurs par un prêt, auraient, nous le croyons, assuré l'exécution des grandes lignes tout aussi bien que les combinaisons qui dérivent de la loi du 11 juin, et avec plus d'économie pour le pays. Puisque le ministère en a jugé autrement, examinons du moins de quelle manière il entend l'application de cette loi.

Les deux projets présentés aux chambres, l'un pour l'exécution du chemin d'Avignon à Marseille, et l'autre pour l'exécution des chemins du, Nord, ne sont pas l'expression d'un seul et unique système. Dans le premier, c'est la compagnie qui entreprend à forfait, et pour une somme déterminée, les travaux que la loi met à la charge du trésor public ; dans le second, l'administration s'engage à construire ces ouvrages et s'expose aux éventualités qui naissent de la construction, en laissant à la compagnie le soin d'établir la voie de fer, d'acquérir le matériel et de préparer les moyens d'exploitation. Ainsi, le principe qui domine le projet d'Avignon à Marseille c'est l'unité d'action, la compagnie exécutant le chemin, et l'état jouant à son égard le rôle d'un simple commanditaire ou bailleur de fonds ; le principe dont s'inspire le projet qui concerne les chemins du Nord, c'est au contraire la division du travail entre l'état et la compagnie. Nous ne dissimulerons pas notre répugnance pour cette dernière combinaison. Voici dans quels termes M. Daru en expose les inconvéniens :

« En apparence rien de plus simple que cette organisation du travail, en réalité, rien de plus compliqué.

« Un chemin de fer est une machine qui se compose de deux parties la locomotive et le chemin sur lequel elle roule ; ces deux parties sont solidaires l'une de l'autre : ce sont deux fractions d'un même tout. Le poids, les dimensions de la locomotive étant donnés, la solidité, les dimensions du chemin en résultent. La forme, l'écartement des rails, la largeur de la voie, la résistance des ouvrages d'art, toutes ces conditions premières et fondamentales de l'établissement d'un appareil à vapeur destiné à la locomotion, sont liées indissolublement entre elles, et dépendent de la nature même des matières employées.

« De là une première : et grave conséquence. Mettre ces deux portions du même mécanisme dans les mains de deux constructeurs différens, c'est obliger ces deux constructeurs, pendant tout le temps du travail, à marcher côte à côte en parfaite harmonie, dans des rapports perpétuels et nécessaires. De même que, si l'on donnait à deux ouvriers à faire une même voiture, à l'un la caisse, à l'autre le train, ces deux ouvriers seraient obligés sans cesse de se consulter, de s'entendre, pour que chaque partie de leur ouvrage commun fût faite dans un même esprit, dans une même pensée. Nous n'hésitons pas à déclarer que ce bon accord entre l'industrie et l'administration, ainsi superposées l'une à l'autre, est absolument impossible.

« Le génie administratif et le génie industriel sont trop divers par leur nature, leurs tendances et leurs dispositions, pour que l'on puisse arriver à cette harmonie complète qui est une condition indispensable de succès dans l'accomplissement de pareils travaux. La lenteur hiérarchique, les formes solennelles, la raideur de l'un, contrastent trop avec la vivacité, la hardiesse, la mobilité de l'autre… Il y aura un contact trop immédiat, des relations trop fréquentes, trop intimes, pour que des conflits ne naissent pas inévitablement chaque jour de cette coexistence forcée. Tôt ou tard les traités passés entre de pareils constructeurs seront résiliés par la force même des choses.

« M. le ministre des travaux publics a reconnu, le Moniteur en fait foi, que le gouvernement serait amené, dans la plupart des cas à traiter à forfait avec les compagnies fermières, pour qu'elles se chargeassent, moyennant un prix déterminé, non-seulement de l'achat des rails et du matériel, mais aussi de la construction des travaux. Alors les causes d'embarras disparaissent, les chances de conflits s'éloignent avec elles. C'est le seul procéda à l'aide duquel on puisse, en effet, appliquer la pensée de la loi. »

Ou nous nous trompons fort, ou le gouvernement est, sur ce point, de l'avis de M. Daru, de l'avis de tout le monde ; mais le penchant dominateur et l'esprit de monopole qui caractérisent l'administration des ponts-et-chaussées ne permettent pas au ministère de suivre ses instincts naturels. L'administration des ponts-et-chaussées veut construire le chemin du Nord ; c'est une idée fixe qu'elle a laissée apercevoir sous tous les ministères, et qu'elle poursuit avec une opiniâtreté qui fait obstacle à toute autre combinaison.

Si l'on devait céder à ces prétentions tyranniques, il aurait peut-être été préférable de charger les ponts-et-chaussées de l'exécution complète du chemin, depuis les terrassemens jusques et y compris la pose de la voie, ainsi que ses dépendances en matériel. Il en eût coûté cher à l'état, car la dépense pouvait excéder les ressources disponibles, et la durée des travaux pouvait se ressentir de la lenteur proverbiale des procédés administratifs. Mais l'exécution aurait du moins été conduite avec ensemble et avec unité ; on ne se serait pas exposé à ces conflits que prévoit M. Daru, qui ont peut-être déjà commencé, et qui peuvent amener l'impuissance par l'anarchie.

L'embarras du gouvernement se révèle, au surplus, dans les termes de l'exposé des motifs et jusque dans les clauses que le cahier des charges a consacrées. « La rédaction du bail, dit M. Teste, a présenté d'assez grandes difficultés. » En effet, il a fallu régler, dès à présent, les conditions auxquelles la compagnie prêterait ses rails à l'administration pour exécuter les déblais et les remblais, tout comme l'administration a dû se charger de poser le sable pour la compagnie, qui lui tiendra compte des frais. Ce n'est pas tout ; comme la livraison du chemin aurait pu éprouver des retards, l'état a dû se soumettre, dans l'intérêt des capitaux qui contribuent à l'entreprise, à une pénalité, à une amende par chaque jour perdu. La compagnie encourt la même amende, si elle ne pose pas les rails et si elle ne commence pas l'exploitation dans les délais fixés. De quelque côté que l'on se tourne, on ne voit que matière à procès, à contestation et par conséquent à fraude, car la compagnie sera faible, à oppression, car l'état sera souverain. Or, l'oppression dégrade celui qui l'ordonne autant que celui qui la subit.

Ce cahier des charges, s'il n'est pas modifié par la chambre, le sera, nous en avons la confiance, par l'administration elle-même, qui, après une courte et malheureuse expérience, se trouvera dans la nécessité de renvoyer à la compagnie l'exécution des travaux. Le forfait, en pareil cas, a pour l'état des avantages que M. le ministre des travaux publics reconnaît lui-même, lorsqu'il dit, dans l'exposé de la combinaison adoptée pour la ligne d'Avignon à Marseille : « En accordant la compagnie une subvention égale tout au plus à la dépense qu'il serait obligé de supporter dans l'autre système, l'état s'affranchit de tous les risques attachés à des travaux d'une nature spéciale, de tous les mécomptes qu'engendrent souvent les estimations les plus consciencieuses, et il laisse l'inconnu tout entier à la charge de l'industrie privée. »

Si la combinaison du forfait que l'on adopte pour le chemin d'Avignon à Marseille a de tels avantages, les chambres et le public ont dû se demander pourquoi on ne l'avait pas appliquée aux chemins du Nord. C'était le cas cependant de s'affranchir de ces risques et de ces mécomptes, qui deviennent plus menaçans à proportion que l'entreprise est plus grande, et de laisser l'inconnu tout entier à l'industrie privée. Cela devenait d'autant plus facile que la compagnie avec laquelle M. le ministre des travaux publics a traité pour la ligne anglo-belge demandait à se charger de l'exécution des travaux d'art et de terrassement au prix moyen de 115,000 francs par kilomètre, ou, pour la ligne entière, de 50 millions de francs.

La compagnie n'a pas dû se dissimuler apparemment que cette évaluation serait dépassée, et que les travaux estimés à raison de 115,000 fr. par kilomètre coûteraient peut-être en définitive 130 à 140,00O fr. Toutefois, en supposant qu'elle eût à dépenser, dans le système de l'exécution à forfait, un capital supplémentaire de dix millions, un pareil sacrifice pourrait passer pour un bon calcul. En effet, si le gouvernement construit, la compagnie attendra cinq ans avant que le chemin lui soit livré, et une année de plus ou six ans pour l'exploiter, et pendant tout ce temps, elle perdra l'industrie de ses administrateurs ainsi que l'intérêt, de son argent. Si on lui donne au contraire la construction à forfait, elle sera maîtresse d'achever la ligne entière, les 430 kil., en trois années. Elle aura donc économisé l'intérêt de son capital pendant les trois autres années, soit à raison de 5 pour 100 sur 75 millions, 11 millions 250,000 francs.

Mais le bénéfice qui en résulterait pour le pays serait bien autrement sensible. Nous y gagnerions non-seulement tout ce que l'état aurait, dépensé au-dessus des 115,000 francs par kilomètre, mais encore, mais surtout de jouir trois années plus tôt de la grande voie qui doit rapprocher Londres et Bruxelles de Paris. Cet avantage est de premier ordre, dans un moment où la France reste encore, par rapport aux chemins de fer, en arrière de tous les peuples civilisés. Ajoutons que l'on entrerait ainsi en possession de la plus-value que l'exploitation du chemin de fer doit infailliblement donner au revenu public, et qui ne peut manquer d'excéder l'intérêt du capital dépensé par l'état.

Quand nous disons que cette plus-value excédera l'intérêt des sommes dépensées, nous nous arrêtons à l'évaluation la plus modérée. Ce qui est probable en effet, c'est que le revenu supplémentaire qui résultera pour l'état de l'exécution des chemins de fer remboursera, en quatre ou cinq ans, le capital de construction, qui se trouvera n'avoir constitué ainsi qu'une avance pour le trésor. « Le canal du Languedoc, dit Dupont de Nemours, voiture un commerce de 50 millions de fr. par année ; il en est résulté par année 5 millions de bénéfices pour les marchands ; les propriétaires de terres qui, sans lui, n'auraient pas de débouchés, ou n'en auraient qu'un mauvais, reçoivent par le service du canal une augmentation de 20 millions de revenu. L'état a touché de ces 20 millions, par les tailles et vingtièmes ou impôts équivalens, au moins 5 millions de francs tous les ans et 500 millions en un siècle. » Prenons un exemple plus voisin de notre temps. D'où pense-t-on que vienne cet accroissement colossal de l'impôt indirect qui donne aujourd'hui 200 millions de plus qu'il y a dix ans, si ce n'est de la plus-value que les routes nouvelles ont donnée à l'industrie et à la propriété ?

La compagnie avait proposé une autre modification qui se recommande d'elle-même à toute la sollicitude des chambres. Le traité qu'elle a signé lui accorde quarante années de jouissance ; mais, à l'expiration de ce bail, l'état doit lui rembourser, à dire d'experts le prix de la voie de fer et la valeur du matériel. C'est là une obligation onéreuse et qui met l'état à la discrétion de la compagnie. En effet, si l'état refuse de renouveler le bail, il peut avoir 50 ou 60 millions à débourser ; s'il consent au contraire à une novation du contrat, il n'en débattra pas librement les clauses, la compagnie tenant suspendue sur sa tête l'éventualité menaçant du remboursement : Quant à trouver une autre société qui prenne la place de celle qui aura créé le chemin, en payant à celle-ci la valeur des rails, des locomotives et des voitures, si le cas se présentait, l'état subirait probablement des conditions tout aussi dures que par le passé, car aucune compagnie n'exposera un capital de 50 à 60 millions sans avoir obtenu les plus fortes garanties.

Si la compagnie qui s'est formée pour exploiter les chemins du Nord consent, moyennant une prolongation de bail de dix années, à livrer gratuitement à l'état la voie de fer et le matériel d'exploitation, cela veut dire qu'elle estime, pendant ces dix années, qui seront nécessairement les plus productives, le revenu net du chemin à 5 ou 6 millions de francs. Néanmoins, comme le gouvernement, en lui substituant une compagnie nouvelle durant le même intervalle, ne pourrait évidemment se réserver qu'une part de ce bénéfice annuel, nous le croyons fortement intéressé à accepter une proposition qui ne retarde son entrée en possession que pour le dispenser d'un remboursement onéreux au pays.

Au moyen des modifications que nous indiquons ici, les deux projets de loi sur lesquels la chambre va délibérer nous paraîtraient se présenter dans des conditions beaucoup plus acceptables. Si la compagnie qui doit exécuter le chemin d'Avignon à Marseille consentait, pour prix d'une jouissance de cinquante années, à réduire de 10 millions la subvention qu'elle doit recevoir, et si la compagnie qui est appelée à exploiter les chemins du Nord se chargeait, au prix de 115,000 fr. par kilomètre, de construire la double ligne, en prenant l'engagement de livrer sans indemnité à l'état la voie de fer avec son matériel au bout de quarante-huit ans, nous croirions que l'on aurait obtenu par là un grand résultat. C'est à la commission que la chambre a investie de sa confiance de négocier ce changement dans les termes de la loi.

Mais quand les projets de chemins de fer ne devraient pas être modifiés, et ils ne peuvent l'être que de gré à gré, comme toute mesure prise en exécution d'un contrat, il nous paraît que la chambre commettrait une inconséquence en les repoussant. Les défauts que l'on y découvre appartiennent à la loi générale du 11 juin 1842, déjà sanctionnée par les trois pouvoirs, et il ne se peut pas que ceux qui ont consacré la règle reculent devant l'application. Toute autre solution eût été sans contredit préférable à celle que le gouvernement propose ; mais dans l'alternative à laquelle la France est aujourd'hui acculée, après cinq années de vains débats de renoncer aux chemins de fer de quelque étendue, où de mettre enfin la main à l'œuvre sur un plan relativement assez mal conçu, il n'est plus possible d'hésiter. Ce serait prendre une trop grande responsabilité que de conseiller au pays de s'abstenir.

En présence de l'immense intérêt qui commande à la France de rapprocher sans délai son centre de ses extrémités, et de rendre Paris présent pour ainsi dire sur notre frontière du nord, nous tenons pour très secondaire la question de savoir si la compagnie qui entreprend la ligne de Belgique fera des bénéfices, ou si elle ne retirera de cette entreprise que l'intérêt nature1 du capital qu'elle y aura consacré [5]. Il ne faut pas trop marchander avec des hommes qui apportent 75 millions pour un travail utile dans lequel les chances de perte sont, après tout, à côté des chances de profit. Souhaitons plutôt que les banquiers qui se dévouaient exclusivement jusque-là à l'industrie profitable des emprunts deviennent ainsi les agens principaux et comme les tuteurs des entreprises nouvelles de transport. Ce sera une révolution et une révolution morale dans les tendances du crédit.

Cependant il peut être utile de prémunir ceux qui n'examinent pas le fond des choses contre les calculs exagérés auxquels le chemin du Nord a donné lieu et qui ont déjà cours dans le public. Cette considération nous détermine à exposer sommairement les résultats que l'expérience a constatés jusqu'à présent dans l'exploitation des chemins de fer. De la sorte, les capitalistes qui s'engageront dans une opération aussi étendue le feront sous l'impulsion d'un sentiment réfléchi, et non pas sur la seule garantie des noms qui commandent la confiance en matière de crédit. On attendra les produits avant de donner aux actions une valeur supérieure à leur taux nominal. Une action de 500 fr. ne sera pas cotée 1,000 ou 2,000 fr. dès son apparition sur le marché, comme il est arrivé pour les bitumes et les asphaltes de toute couleur.

Un mémoire publié au mois d'octobre 1842 par le célèbre ingénieur qui a construit les chemins de fer de Manchester à Liverpool et de Londres à Birmingham, M. Robert Stephenson, est le document qui a le plus contribué à enflammer les imaginations. Il importe donc d'en contrôler les données en rapprochant les hypothèses des faits.

Pour évaluer le produit du transport des voyageurs sur les chemins du Nord, M. Stephenson à relevé le nombre des voitures de toute espèce qui parcourent aujourd'hui, soit des fractions quelconques de la ligne, soit la distance entière. Il a multiplié le nombre approximatif des voyageurs par le parcours que chacun d'eux accomplit, et il a trouvé un produit total de 112,247,985 kilomètres parcourus qui, à raison de 6 c. 1/2 en moyenne par voyageur et par kilomètre, donneraient 7,296,110 fr. par an ; en y joignant les voyageurs qui prennent la voie de la poste ou de la malle-poste, le résultat s'élèverait à 8,490,219 fr.

Pour évaluer le produit du transport des marchandises, M. Stephenson a suivi la même méthode. Il a multiplié le poids des marchandises qui circulent sur les voies d'eau, ou sur les routes de terre par le nombre des kilomètres parcourus, et il a trouvé, pour 550,000 tonneaux environ, un parcours de 84,524,347 kilomètres, qui produirait 12,636,740 fr. Total des recettes pour les voyageurs et pour les marchandises, 21,636 ; 740fr.

A la première inspection de ces chiffres, on découvre le vice des procédés d'évaluation auxquels M. Stephenson a eu recours. En effet, il a supposé, d'une part, que le nombre des voyageurs qui parcourent la ligne anglo-belge resterait stationnaire, ce qui est contredit par l'expérience de tous les chemins de fer, et, de l'autre, que le chemin de fer transporterait toutes les marchandises qui prennent aujourd'hui la voie de terre et le quart de celles qui prennent la voie d'eau, conclusion que les faits connus jusqu'à présent sont loin d'autoriser.

On peut admettre, même en tenant pour exagérée l'évaluation du nombre actuel des voyageurs telle que la donne le rapport de M. Stephenson, que ce nombre s'accroîtra en moyenne de moitié par l'effet d'une voie de communication plus rapide et d'un transport moins cher. Il est donc possible que le produit qui viendrait de cette source s'élève annuellement, pour la ligne anglo-belge, à 10 millions environ. Toutes les fractions des chemins du Nord ne seront pas également productives. Il y a telle distance, comme les dix-huit lieues de Creil à Amiens, dans laquelle on ne rencontre qu'un seul bourg de deux mille habitans. Entre Amiens et Arras, la route n'est jalonnée que par des villages. Il faudrait donc que la circulation des voyageurs à toute distance fût bien active pour compléter ce vide dans la circulation à distances partielles. On sait que, sur tous les chemins de fer qui donnent des produits, le mouvement que donne le parcours partiel, est de beaucoup le plus important Dans une brochure curieuse, M. Minard l'évalue à 60 pour 100 sur les chemins belges, à 45 pour 100 sur deux chemins anglais, à 60 pour 100 sur le chemin de Lyon à Saint-Etienne, et à 40 pour 100 sur celui de Corbeil ; il est de 75 pour 100 sur le chemin de Strasbourg à Bâle, de 45 pour 100 sur celui de Versailles, et de 40 pour 100 sur celui de Saint-Germain. Quant aux marchandises, il nous paraît probable que la voie de fer n'exercera qu'une faible attraction sur celles qui suivent la route comparativement moins dispendieuse des rivières et des canaux ; il convient de retrancher aussi de la circulation qui est assurée au chemin de fer toutes les marchandises transportées à de courtes distances, et pour lesquelles les frais de transbordement ne seraient pas compensés par l'économie dans les frais de transport que la voie de fer leur offrirait. En réunissant ces deux élémens d'appréciation, on arrive à réduire peut-être des deux tiers l'évaluation de M. Stephenson.

Au reste, le calcul de l'ingénieur anglais, s'il avait quelque degré de certitude, renverserait de fond en comble les données que l'expérience a recueillies. Sur les chemins anglais, ainsi que M. Daru le fait remarquer, le produit du transport des marchandises est à celui du transport des voyageurs comme 1 est à 3. Sur le chemin de Liverpool qui fait exception à cet égard, la recette qui provient des marchandises représente 40 pour 100 du produit total [6]. Encore ne faut-il pas oublier quand on veut s'expliquer le mouvement considérable des marchandises sur les chemins de fer de l'Angleterre, que les tarifs des canaux anglais étant généralement très élevés, la concurrence devient possible, dans cette contrée, entre la voie de fer et la voie d'eau. En France, au contraire, le transport par les canaux jouit à quelques exceptions près, de tarifs très modérés, et voilà le pays dans lequel M. Stephenson suppose que la recette des marchandises pourra représenter 58 pour. 100 du produit total ! La Belgique est dans des conditions plus semblables aux nôtres, et cependant la recette des marchandises ne s'est pas élevée, sur le chemin de fer belge en 1841, à plus de 32 pour 100 [7]. Le seul chemin de fer qui transporte en France des marchandises autres que la houille, la ligne de Strasbourg à Bâle, ne paraît pas devoir compter, en 1843, le produit des marchandises pour plus du cinquième de son revenu brut.

Si l'on veut évaluer d'une manière plus exacte, les produits que peut rendre le chemin du Nord, on ne saurait prendre une meilleure base que le produit des chemins belges. L'exploitation du réseau belge a embrassé, en 1841, une étendue de 340 kilomètres en voie de fer, et a donné une recette brute de 6,226,333 fr. 66 cent. La ligne anglo-belge a 430 kilomètres d'étendue. En élevant la recette dans la proportion de la distance à exploiter, on trouve que le produit des chemins du Nord, s'il égalait proportionnellement celui des chemins belges, devrait être de 7,874,479 francs ; mais, comme la moyenne du tarif perçu n'est que de 4 c. 1/2 par voyageur et par kilomètre en Belgique, tandis qu'elle sera de 6 c. 1/2 sur les chemins du Nord, et comme la distance est à peu près semblable entre les voyageurs et les marchandises dans les deux tarifs, il convient d'augmenter la recette brute de 4 neuvièmes, et de la porter ainsi à 11,374,247 fr. Voilà, si l'on ne donne pas trop aux hypothèses, le résultat le plus vraisemblable qu'il soit permis d'espérer.

Examinons maintenant si M. Stephenson a mis plus d'exactitude dans le calcul des dépenses que dans celui des recettes. En évaluant les frais d'exploitation sur les chemins du Nord, l'ingénieur anglais a pris pour base 50 pour 100 de la recette. Ce mode d'évaluation est à coup sûr le plus vicieux qu'on pût choisir, car il suppose également constans deux termes, dont l'un, la recette, est éventuel, et dont l'autre, la dépense, est certain. M. Stephenson énumère dans son rapport les recettes de plusieurs chemins anglais, où la moyenne des dépenses n'excède pas en effet 50 pour 100 des revenus ; mais il ne faut pas oublier que les tarifs anglais sont infiniment plus élevés que les nôtres, et doivent donner par conséquent plus de marge aux bénéfices [8]. La Belgique, qui est pincée, dans l'échelle des tarifs, à l'extrémité opposée, en dépit d'une circulation très active, a vu les frais d'exploitation de son chemin de fer s'élever, en 1841, à 68 pour 100 du produit brut. En 1838, la proportion avait même été de 88 pour 100. En France, sur la seule grande ligne qui se trouve en exploitation, celle de Strasbourg à Bâle, privée, il est vrai, pour quelque temps encore de ses deux entrées, la dépense a égalé 70 pour 100 des produits.

Les dépenses d'un chemin de fer ne peuvent s'évaluer que de deux manières, d'après le nombre des kilomètres parcourus par les machines, et d'après le nombre des voyageurs ainsi, que d'après le poids des marchandises à transporter, multipliés par la distance parcourue.

Les chemins du Nord ont, nous l'avons dit, une longueur de 430 kilom. En supposant la distance entière parcourue en moyenne [9] chaque jour par 4 convois de voyageurs et par 2 convois spéciaux de marchandises, ce mouvement représente 12 convois, aller et retour compris, soit un parcours quotidien de 12 x 430 = 5,160 kilomètres, ou 1,883,700 kil. par an. Ce parcours est loin d'être exagéré, car la circulation du chemin de Birmingham, un des plus fréquentés de l'Angleterre, représente, sur une étendue de 178 kil., un parcours annuel de 1,361,152, soit pour 430 kil. 3,288,176 kil., ou 8 convois par jour au-dessus de notre estimation..

La dépense du kilomètre parcouru a été, en 1841, sur les chemins de fer belges, de 2 fr. 84 c., de 3 fr. 4 c sur le chemin de Saint-Germain, et de 3 fr. 25 c. sur celui de Versailles. En 1842, elle a été de 3 fr. 22 c. sur le chemin de Saint-Germain, de 3 fr. 80 c. sur le chemin de Versailles, et de 2 fr. 72 c. sur le chemin de Strasbourg. On remarquera que la dépense du kilomètre est, sur ces chemins comme sur toutes les petites lignes en général, inférieure à la dépense des chemins anglais, parce que les convois étant plus nombreux, les frais fixes peuvent ainsi se répartir sur une étendue de kilomètres plus considérable.

La dépense du kilomètre parcouru ressort, pour l'Angleterre, en prenant la moyenne des principaux chemins, à 5 fr. 84 c. dans le premier semestre de 1840, et à 6 fr. 3 c. dans le second ; à 5 fr. 36 c. dans le premier semestre de 1841, et à 4. fr. 84 c. dans le second ; enfin, à 4 fr. 45 C. dans le premier semestre de 1842, et à 4 fr. 42 c. dans le second [10].

Si l'on calcule à 4 fr. par kilomètre parcouru, c'est-à-dire un peu au-dessous de la moyenne des chemins anglais, la dépense des chemins du Nord, on reconnaît que les frais d'exploitation peuvent s'élever, au minimum, à 7,534,800 fr. par année, soit à 65 pour 100 du produit que nous avons supposé. Il ne resterait, à ce compte, que 3,839,447 fr. par année pour représenter l'intérêt du capital fourni par la compagnie, soit, pour 75 millions,, un intérêt, de 5 1/10me pour 100.

Veut-on suivre, pour apprécier la dépense, la même marche que M., Stephenson a suivie pour apprécier la recette, en recherchant ce que coûte un voyageur transporté à un kilomètre ? D'après M. Bineau, les frais sont de 7 c. 74/100 pour le Great-Western, de 6 c. 3/000 pour, le Grand Junction, et de 6 c. 91. 1/2 pour le chemin de Londres à Birmingham. Cette dépense excède la moyenne du tarif que l'on accorde en France pour le transport des voyageurs. Si les compagnies voulaient déployer chez nous le luxe qui se fait remarquer sur quelques lignes anglaises, la recette ne couvrirait donc pas les frais d'exploitation, et les tarifs seraient insuffisans.

Voici quelle a été, selon les rapports publiés par ces deux compagnies, la dépense d'un voyageur transporté à un kilomètre sur les chemins de Versailles et de Saint-Germain, non compris les droits du trésor :

Versailles : 1841 : 4 c 69 – 1842 : 4 c. 34

Saint-Germain : 1841 3 c. 10 – 1842 : 3 c. 48

On voit que la dépense varie, sur ces lignes, de 3 c. 10 à 4 c. 69 ; la moyenne est de 4 c. environ. M. Daru l'évalue, pour les chemins de France, à 4 c. 90. Or, en multipliant les 112,247,985.kil. sur lesquels M. Stephenson a basé sa recette en voyageurs, par 4 c. par kil., on trouve une dépense de 4,489,919 fr., non compris les droits du trésor et les intérêts du capital. Ce calcul, en augmentant la dépense proportionnellement au nombre additionnel de voyageurs que nous avons admis, représente, à peu de chose près, la même évaluation que nous avons déjà donnée. Ainsi disparaissent les illusions que le projet des chemins du Nord avait fait naître. La ligne anglo-belge devient une affaire ordinaire, dans laquelle les chances de bénéfice sont raisonnables, mais qui a besoin, pour produire ces résultats, d'être administrée avec intelligence et avec activité.

Reste une dernière difficulté, celle des tracés. La loi, du 11 juin, en déterminant la direction que doit suivre la ligne de Paris à la frontière belge, a laissé indécise la question de savoir de quel point de cette ligne artérielle se détacherait l'embranchement d'Angleterre, et à quel port de la Manche ou de la mer du Nord il devrait aboutir. Le projet de loi qui est devant la chambre satisfait très incomplètement à cette nécessité. Il ne dit pas d'où partira l'embranchement, si ce sera de Douai, combinaison qui allongerait le parcours, ou plutôt d'Arras, combinaison qui abrégerait les distances à parcourir, mais qui augmenterait les dépenses d'exécution. De l'une ou de l'autre de ces villes, le tracé se dirigerait à travers les plaines de la Flandre sur le bourg de Watten, d'ou il se bifurquerait vers Dunkerque et vers Calais.

L'économie du projet de loi, sous ce rapport, a soulevé de vives réclamations. En faisant passer par Amiens la grande artère des voies de fer destinées à mettre Paris en communication avec Londres et avec Bruxelles, on avait déjà immolé l'intérêt des villes situées dans la direction de Compiègne, Saint-Quentin et Cambrai, qui sont, depuis un temps immémorial, en possession du transit entre la France et la Belgique. Si l'on prolonge maintenant la ligne anglo-belge dans la direction d'Arras, de Béthune, de Saint-Omer et de Calais, l'intérêt d'Abbeville et surtout celui de Boulogne vont se trouver sacrifiés.

Le sacrifice est douloureux ; nous aurions voulu cependant que le gouvernement le fît avec plus de courage et qu'il n'en rejetât pas la responsabilité sur la compagnie. L'état crée les chemins de fer p dans un intérêt général, et il ne peut pas en donner à toutes les localités ; mais, lorsqu'il exclut un centre important de population ou d'industrie, il se doit à lui-même de décliner ses motifs de préférence et de les défendre publiquement. Voici les phrases embarrassées et tortueuses que renferme l'exposé du projet de loi :

« Si l'on s'occupe exclusivement des relations de la France avec l'Angleterre, de Paris avec Londres, évidemment la ligne d'Amiens à Boulogne doit être préférée ; c'est celle qui offre le tracé le plus court et le plus économique…

« Si, au contraire, l'on tient surtout à établir, à travers notre territoire, une double communication de la France avec l'Angleterre, et de l'Angleterre avec la Belgique, alors il n'est pas douteux que Calais ne doive obtenir la préférence : c'est, en effet, lui qui satisfait le mieux à ce double intérêt.

Ostende et Anvers, au moyen de la voie de fer qui les reliera bientôt à la ligne du Rhin, tendent chaque jour à déshériter les ports français du transit de la mer du Nord sur l'Allemagne ; une voie de fer dirigée de Calais sur Lille et sur Paris et communiquant avec Dunkerque peut seule arrêter ce mouvement funeste à la prospérité de la France. Il faut donc exécuter cette voie…

« S'il avait été possible de présenter à la fois une triple communication avec le littoral, le gouvernement aurait pris sur lui de joindre à la direction qui est l'objet du traité soumis à vos délibérations une ligne se détachant de la ligne principale à Amiens et aboutissant à Boulogne par la vallée de la Somme… Cette possibilité n'existera que lorsqu'il se présentera une compagnie financière qui offrirait d'exploiter la section de Boulogne à Amiens…

« Or, la compagnie avec laquelle nous avons traité a écarté cette combinaison, dont la conséquence, pour elle, aurait été l'accroissement notable de son capital… »

Nous avons lu, avec l'attention la plus recueillie, toutes les brochures qui ont été publiées dans ce débat entre Boulogne et Calais, et nous restons convaincu que le gouvernement aurait pu avouer plus nettement les raisons qui l'ont déterminé. En effet, le tracé par Boulogne ne pouvait servir qu'aux communications de l'Angleterre avec Paris ; le système du tracé de Calais fait communiquer en outre nos villes de la Flandre entre elles et rend à la France le transit des voyageurs entre l'Angleterre et le Rhin. Il faut ajouter que l'embranchement d'Arras à Calais est généralement d'une exécution facile et peut devenir d'une exploitation féconde, à cause des intermédiaires qu'il dessert, tandis que l'embranchement d'Amiens à Boulogne, se développant à travers la vallée bourbeuse de la Somme et les dunes qui règnent depuis Abbeville jusqu'au-delà d'Étaples, doit encore percer les montagnes du Boulonnais. Cela fait, et après avoir établi un chemin coûteux, on ne rencontrerait que des populations clair-semées dont le transport couvrirait difficilement les frais d'exploitation.

Ce qui fait le désavantage de Boulogne, c'est qu'il est presque impossible de rattacher cette ville, par un court embranchement, à la ligne d'Arras à Calais. La nature du terrain, qui est fortement accidenté, résiste aux communications, en sorte qu'autant sa brillante population se trouve favorisée du côté de la mer, autant elle a peu d'accès vers l'intérieur. A l'égard de Boulogne comme à l'égard de Saint-Quentin et de Cambrai, le devoir du gouvernement consiste désormais à seconder toutes les tentatives de ces localités pour se rattacher aux chemins du Nord. Qu'il leur accorde des subventions dans ce but, et personne ne s'en plaindra ; mais si l'intérêt local, secondé par les vices de notre système électif, allait susciter des obstacles à un projet dont l'exécution est ajournée depuis long-temps, nous croyons que ce serait un malheur public.

Voilà, au surplus, une puissante raison de regretter que l'on ne s'écarte pas davantage des bases établies par la loi du 11 juin. Si l'état intervenait moins directement dans la construction des chemins de fer, et si l'industrie particulière y prenait une plus grande part, les questions de tracé n'auraient pas acquis la gravité qu'elles ont aujourd'hui. Les compagnies choisiraient la direction la puis profitable pour elles-mêmes, et par conséquent la plus naturelle ; elles traceraient les chemins de fer, non pas à travers les déserts et les montagnes, mais en suivant la pente des transports, en abordant les centres de population et d'industrie, et comme elles auraient après tout les risques de l'entreprise, on n'aurait pas le droit de peser sur leur détermination ou de la changer. Par là seraient évités, sinon les rivalités de ville à ville, tout au moins les conflits qui en naissent et qui troublent le pays.

Lorsque le gouvernement au contraire se pose, comme aujourd'hui, en entrepreneur de chemins de fer, et qu'il consacre à ces travaux les fonds de l'impôt prélevés sur les contributions de tous les départemens, chacun prétend en avoir sa part. On le tiraille de tous côtés, et de ces tiraillemens divers il résulte un équilibre forcé qui est l'inaction.

La création de grandes compagnies se consacrant à l'exécution des travaux publics aurait donc pour effet de mettre un terme aux misérables différends dont notre loi électorale est la source. Elle tendrait aussi à relever et à organiser en France l'esprit public. Ce qui fait, dans l'ordre politique comme dans l'ordre industriel, que nous restons livrés aux impressions du moment, qu'aucun parti durable ne se forme, qu'aucun principe ne descend pour y résider au fond des esprits, c'est que la surface entière du pays ne présente aucune agrégation d'hommes ni d'intérêts, et qu'en face de l'armée administrative et du clergé, deux hiérarchies dont les branches se ramifient partout, il n'existe que des individus isolés et sans lien entre eux. Dans un pareil état de choses, nous voyons bien les germes d'une dictature, mais nous n'apercevons pas les élémens de la liberté.

Les associations financières ou industrielles créeraient chacune sa clientèle, et tout le monde en France ne relèverait plus exclusivement du pouvoir. Il y aurait dans le pays des emplois qui ne seraient pas donnés par l'état ; les fonctions particulières deviendraient une carrière à côté des fonctions publiques, et l'émulation pourrait ainsi s'établir. Nous appelons de tous nos vœux le moment où la France comptera, dans l'ordre industriel, un certain nombre d'agglomérations puissantes. Organisées démocratiquement, c'est-à-dire par le mode électif, elles feront contrepoids à l'unité trop absorbante du gouvernement. Tout ce qui pourra favoriser l'avènement d'un pareil état de choses nous paraîtra un bien.

LÉON FAUCHER

NOTES

[1]Voir les documens suivans : Exposé des motifs du projet de loi sur la ligne du Nord et sur la ligne d'Avignon à Marseille. — De la Politique des chemins de fer, par M. Teisserenc. — Lettre à M. le ministre des travaux publics sur le projet de loi des chemins de fer, par M. Emile Pereire. — Des Chemins de fer et de l'application de la loi du 11 juin 1842, par M. le comte Daru. — Observations sur l'exécution de la loi du 11 juin 1842, par François Bartholony. — Report to the chairman and directors of the southeastern railway, by Robert Stephenson. — Mémoires des délégués de la ligne par Compiègne et Saint-Quentin. — Ligne Française anglo-belge, par Watten. — Chambre de Commerce de Boulogne, deuxième lettre à M. le ministre des travaux publics. — Chemins de fer, ligne du Nord, lettre à M. Teste, par M. le comte Roger. — Vues politiques et pratiques sur les travaux publics, ar MM. Lamé, Clapeyron, Stéphane Mony et Eugène Flachat. — Chemin de fer de l'Angleterre, par M. Bineau. — Chemins de fer belges, rapport présenté aux chambre le 2 juin 1842, par M. Desmaizières, ministre des travaux publics.

[2]Depuis que cet article est écrit, M. le ministre des travaux publics a présenté à la chambre des députés un projet de loi pour le chemin de fer d'Orléans à Tours.

[3]M. Daru rappelle quelques exemples de la lenteur apportée par l'état dans l'exécution des travaux qu'il entreprend. Ainsi l'on a mis trente-cinq ans à construire le canal du Rhône au Rhin, trente-quatre ans à exécuter les canaux de Bretagne, cinquante-huit ans pour le canal du Nivernais, soixante-un ans pour le canal de Bourgogne, soixante-cinq ans pour le canal de la Somme, soixante-quatorze ans pour canaliser l'Ille et le Tarn. L'exécution du canal latéral à la Loire, le dernier entrepris, a duré vingt années, et il n'est pas terminé complètement.

[4]« Il y a loin de ce mode de procéder à celui que l'Angleterre, la Prusse

et les États-Unis suivent en ce moment même. Ouvrez leurs lois de concessions, et vous y verrez, sous toutes les formes, des encouragemens prodigués aux compagnies : exemptions d'impôts pendant un temps limité, liberté de tracés, de pentes, de courbures ; nulle pénalité, nulle déchéance. Le principe de haute protection se trouve, en un mot, partout. En France, il ne se trouve nulle part. Et cependant en France les matériaux de construction, le charbon, le fer, sont d'un prix plus élevé qu'en Belgique, en Angleterre, en Prusse et aux États-Unis. » » (M. Daru, Des Chemins de fer et de l'application de la loi du 11 juin 1842.)

[5]Il paraît que tous les capitalistes ne considèrent pas comme suffisans les avantages accordés par l'état à la compagnie qui s'est formée pour entreprendre la ligne du Nord, car la compagnie d'Orléans a demandé, pour se charger de la ligne de Paris à Châlons-sur-Saône, outre ces avantages, la garantie d'un minimum d'intérêt de 4 pour 100 sur le capital qu'elle emploirait.

[6]Les recettes des principaux chemins de fer anglais, en 1842, présentent dans leur décomposition les résultats suivans :

Chemins Transport des voyageurs Voitures et chevaux Marchandises
Grand Junction 8,070,075 fr. « 2,167,375 fr.
Great-Western 13,149,150 « 3,578,875
Liverpool et Manchester 3,444,495 « 2,501,025
London et Birmingham 13,683,950 1,246,975 fr. 5,300,200
London et Brighton 3,536,125 118,725 495,725
Manchester et Leeds 2,935,450 10,650 2,489,425
North-Midland 2,994,475 230,375 2,084,750
TOTAL 47,813,725 fr 1,616,725 fr. 18,617,375 fr.

M. Daru porte le revenu brut de tous les chemins anglais, pour l'année 1841, à 100 millions de francs. Pour les sept lignes que nous avons citées, il a été, comme on voit, en 1842, de 68,047,825 francs.

[7]Ou 1,984,886 fr. 63 c. sur une recette de 6,226,333 fr. 66 c.

[8]Nous empruntons à M. Daru la classification suivante des tarifs en usage sur les chemins de fer des diverses contrées de l'Europe, en les rapprochant du tarif demandé pour le chemin du Nord.

Première classe Deuxième classe Troisième classe
Angleterre 20 c. 5 par km 10 c. 5 par km « par km
Allemagne 10 c. 6 6 c. 7 5 c.
Belgique 7 c. 6 5 c. 3 c. 4
France 10 c. 7 c. 5 5 c. 4
Tarif proposé 9 c. 6 c. «

[9]Nous avons pris pour base du calcul des frais quatre convois de voyageurs pour l'aller et autant pour le retour ; mais comme il y aura des fractions de chemin, telles que la section, de Paris à Pontoise, celle de Douai à Lille et à Roubaix, et celle de Douai à Valenciennes, qui nécessiteront cinq

à six convois montant par jour et autant de convois descendant, nous inclinons à penser que la moyenne, marchandises et voyageurs compris, sera au total de quatorze convois. La somme des frais d'exploitation s'élèverait ainsi d'un sixième ou de 1,255,800 fr., et serait par conséquent non pas de 7,534,800 fr., ainsi que nous le supposons plus haut, mais de 8,790,600 fr.

[10]Voici la dépense des principaux chemins de fer de l'Angleterre en 1842 :

Chemins Kilomètres parcourus Dépense totale Moyenne par km
Grand Junction 925.184 km 4,558,425 fr. 4 fr 92 ½ c.
Great-Western 1,790,784 6,929,875 3 fr. 87 1/2
Liverpool et Manchester 371,404 2,817,500 7 fr. 58 1/2
London et Birmingham 1,261,152 6,809,075 5 fr «
London et Brighton 413,080 2,438,250 5 fr. 83
Manchester et Leeds 821,184 2,234,550 1 fr. 72
North-Midland 629,491 2,254,025 3 fr. 57 1/2